ANIMALES SUPERHÉROES

RAPHAËL MARTIN

GUILLAUME PLANTEVIN

OCEANO travesía

EL LEÓN
¿REY DE LOS ANIMALES?

SU NACIMIENTO

Muchas veces el león llega al mundo con 4 o 5 hermanos. Cada cachorro de la camada pesa alrededor de 2 kg. Su mamá los cría y amamanta en un escondite secreto, y no se integran con los demás cachorros de la manada sino hasta después de casi cuatro semanas. Los pequeños glotones aprovechan para jugar y tomar leche de otras leonas que no son su mamá.

SU TERRIBLE MANÍA

El león agita su cola mientras duerme para espantar a las moscas y quizá también para hacer creer a los turistas, en sus camionetas todo terreno, que está despierto y que no es un rey completamente holgazán.

SU TRUCO PREFERIDO

Algunas veces, las hembras se ponen en peligro al cazar, pues persiguen a las crías de los elefantes o de los rinocerontes bajo las narices de sus papás: varias leonas distraen a la mamá, mientras las demás intentan atrapar al cachorro.

SU COMIDA FAVORITA

Comen 7 kg de carne al día. Todo cabe en su dieta, desde un antílope fresco hasta el esqueleto de un ñu, y cuando peligra la subsistencia del soberano, todo se vale... Si el león está muy hambriento, puede devorar a sus propios cachorros. Cuando un nuevo macho dominante toma el poder, no duda en matar a los miembros más jóvenes del clan para remplazarlos con sus propios hijos.

ESPERANZA DE VIDA 15 AÑOS

2.4 A 3.3 METROS DE LA CABEZA A LA COLA

120 A 270 KG

60 KM/H VELOCIDAD MÁXIMA

SU SUPERPODER

¡La hembra! Se dice que el león es "el rey de los animales"; sin embargo, su mandíbula es menos poderosa que la del cocodrilo, es menos fuerte que el elefante y más lento que el guepardo. De hecho son las leonas quienes, con sus estrategias de caza, sus garras y sus afilados colmillos, infunden el reino del terror en la sabana.

SU HAZAÑA MÁS ESPECTACULAR

Hacer temblar en el circo a más de 200 espectadores con un solo rugido ya es una pequeña proeza, pero reinar sobre un territorio de más de 200 kilómetros cuadrados sin rival ¡es impresionante!

SU TALÓN DE AQUILES

El cachorro de león es ciego y muy vulnerable al nacer. Seis meses más tarde, cuando es más grande, comienza a cazar: ¡entonces los ñus y las gacelas dejan de reír!

SU MAYOR DEFECTO

La pereza. El macho deja que las hembras cacen mientras duerme... veinte horas al día en promedio.

EL OSO

KODIAK

EL CARNÍVORO TERRESTRE MÁS GRANDE

500 KG

500 GRAMOS AL NACER

ESPERANZA DE VIDA 15 AÑOS

3 METROS DE PIE

50 KM/H VELOCIDAD MÁXIMA

SU NACIMIENTO

Mamá osa da a luz de uno a tres oseznos en enero o febrero. Cada uno pesa alrededor de 500 gramos: ¡1 000 veces menos que un adulto! Después de un año y medio de ser amamantados ya han crecido bastante. A los tres años, los más listos comenzarán a cazar.

SU COMIDA FAVORITA

El salmón es imprescindible en la gastronomía osuna: su dieta rica en grasas y proteínas permite que este gigante de Alaska alcance un tamaño excepcional. Si se le antoja algo entre comidas, consume vegetales, que son de las principales riquezas naturales de Kodiak, el archipiélago donde vive.

SU TRUCO PREFERIDO

Atrapar salmones al vuelo. Estos peces migratorios remontan los ríos, así que en ese momento el oso se posiciona en el agua y, cuando los peces saltan para franquear una cascada, los recibe con sus garras o su hocico.

SU HAZAÑA MÁS ESPECTACULAR

Sobrevivir a temperaturas extremas con el estómago vacío: al llegar las primeras nevadas, se refugia en una cueva. Su hibernación dura algunos meses, durante los cuales vive en absoluta tranquilidad gracias a sus reservas de grasa. A 40 °C bajo cero, no se toma la molestia ni de hacer pipí.

SU TALÓN DE AQUILES

Su bien ganada reputación de supercarnívoro no atemoriza a sus depredadores humanos, al contrario: muchos cazadores sueñan con tenerlo como trofeo. Llegan a pagar incluso 20 mil dólares por una temporada de caza en las islas Kodiak para poner en la mira de su fusil a este enorme carnívoro.

SU SUPERPODER

El olfato. El oso Kodiak es capaz de percibir un olor a varios kilómetros. La agudeza de su nariz compensa su vista poco desarrollada: los osos son miopes.

EL COCODRILO MARINO

EL MÁS PESADO DE LOS REPTILES

1 200 KG MÁXIMO

ESPERANZA DE VIDA **40 AÑOS**

7 METROS MÁXIMO

25 KM/H VELOCIDAD MÁXIMA

SU TERRIBLE MANÍA

¡Comer humanos! Durante la Campaña de Birmania en febrero de 1945, cientos de soldados japoneses, que se encontraban en los lodosos pantanos de la Isla de Ramree, terminaron entre los colmillos de los cocodrilos. Pescadores australianos, granjeros filipinos e incluso turistas franceses se siguen sumando a la lista de víctimas del cocodrilo marino.

SU PEOR RECUERDO

Verse a sí mismo en la cacerola de un chef. Parece ser que, acompañado de una salsa de frutos tropicales, el cocodrilo es un platillo celestial. El sabor de su carne se asemeja al pollo: ¡incluso lo sirven sobre una pizza en un restaurante de Sídney!

SU COMIDA FAVORITA

Canguros, búfalos o perros domésticos... el cocodrilo tiene tan buen apetito que come todo aquello que tenga carne y huesos. Incluso suele devorar piedras: una vez en su estómago facilitan la trituración de los alimentos. Su sistema digestivo se parece al de las aves, cuya molleja contiene pequeñas piedras.

SU MAYOR DEFECTO

¡La pereza! El cocodrilo pasa mucho tiempo dormitando, estado, que, si se mira mejor, es una cualidad: al economizar energía, puede pasar varios meses sin comer. Mejor dicho, ¡el cocodrilo es ecológico!

SU TALÓN DE AQUILES

Las escamas que lo recubren no lo protegen de todos los peligros. De hecho, la piel de su vientre lo ha convertido en una especie en peligro de extinción, pues se trata de una de las más caras en el mundo. Aunque su comercialización está muy reglamentada, algunos diseñadores todavía riman cocodrilo marino con bolso fino: hay que pagar al menos 10 mil euros por este exclusivo placer.

SU SUPERPODER

La discreción absoluta: puede permanecer inmóvil al ras del agua. A veces sólo deja al descubierto sus narinas y sus ojos para sorprender y cazar a sus presas.

EL GRAN TIBURÓN BLANCO

UNA REPUTACIÓN A RESARCIR

2 TONELADAS

ESPERANZA DE VIDA **30 AÑOS**

6 METROS MÁXIMO

40 KM/H VELOCIDAD MÁXIMA

SU PEOR ENEMIGO

El hombre. Se pescan más de 100 tiburones al año sólo por sus aletas. En contraste, los tiburones causan la muerte de 5 a 15 personas al año. Por lo general, sus ataques son accidentales, pero no se recomienda alimentarlos con la mano ni tratar de montarlos.

SU MAYOR EXTRAVAGANCIA

¡Provocar fallas de internet! Los tiburones tienen una debilidad por los cables submarinos. Las empresas de telecomunicación están obligadas a reforzarlos para evitar sus ataques.

SU COMIDA FAVORITA

Las focas y otros pinnípedos (animales cuyas patas tienen forma de aleta). Para poder comérselos, el gran tiburón blanco dispone de 4 a 6 filas de dientes afilados como navajas.

SU HAZAÑA MÁS ESPECTACULAR

En 2005 un tiburón hembra que llevaba un transmisor recorrió más de 10 mil kilómetros en nueve meses: una ida y vuelta de Sudáfrica a Australia.

SU MAYOR DEFECTO

¡Ve muy mal de cerca! A pesar de la creencia popular, la carne humana no le atrae especialmente. Si llega a saborear la nalga de algún surfista, será porque seguramente confundió su tabla con alguna de sus presas favoritas.

SU TALÓN DE AQUILES

¡Su nariz! Los buzos descubrieron una increíble táctica para inmovilizar a los tiburones: ¡acariciarles la nariz! Este gesto provoca una especie de efecto anestésico en el escualo.

SU SUPERPODER

Posee sensores electromagnéticos para localizar a sus presas: las ampollas de Lorenzini, que están ligadas a pequeños canales ubicados a lo largo de su nariz, analizan los impulsos eléctricos de su entorno. Gracias a este verdadero sexto sentido, el tiburón percibe a la distancia las contracciones musculares de los animales y los latidos de su corazón. Este "radar" funciona incluso en la oscuridad y cuando los peces están ocultos bajo la arena.

LA ORCA

SUPERDEPREDADORA DE LOS OCÉANOS

7 000 KG

8 METROS
MÁXIMO

ESPERANZA DE VIDA
60 AÑOS

45 KM/H
VELOCIDAD MÁXIMA

SU NACIMIENTO

Si un recién nacido pesa alrededor de 200 kg, es fácil comprender que las hembras den a luz a un solo bebé a la vez... Sobre todo porque deben amamantar al glotón durante dos años aproximadamente.

SU PEOR RECUERDO

El día de su captura. Las orcas son entregadas a los parques de diversiones del mundo entero y ¿qué puede resultar más degradante para un depredador acostumbrado a las profundidades marinas que nadar en una piscina? Según algunos biólogos, estos animales tan inteligentes se aburren enormemente y se deprimen en cautiverio. A veces, incluso, se les escucha llorar. Para que todo el mundo esté contento, ¿no sería mejor construir, en mar abierto, grandes parques de orcas que los turistas pudieran visitar?

SU COMIDA FAVORITA

La orca está en la cima de la gigantesca cadena alimenticia de los océanos. Su posición le permite disfrutar sin problemas de leones marinos, aves, calamares, pingüinos y, al parecer, tiene una debilidad por las ballenas bebé. Debe consumir de 60 a 80 kg de alimento por día, se comprende entonces que no sea muy selectiva con lo que come.

SU TRUCO PREFERIDO

¡Hacer olas! ¿Cómo se puede conseguir que una foca decidida a permanecer aferrada a un iceberg caiga al agua? Las orcas se agrupan y provocan enormes remolinos para sumergir el hielo. En un dos por tres, la foca cae y es devorada... si es que no sirve de balón primero: las orcas a veces juegan con sus presas.

SU HAZAÑA MÁS ESPECTACULAR

Atacar a los tiburones blancos: ¡son raros los animales que intentan hacerlo! La orca realmente se ha ganado el nombre de "superdepredadora", ya que no es presa de ningún animal.

SU SUPERPODER

Atacar en grupo. La orca planea estrategias grupales para cazar y enseñar a los más jóvenes las técnicas para capturar a sus presas. Una de las más espectaculares es la encalladura: las orcas se esconden bajo las olas y se deslizan hasta la playa para atrapar por sorpresa a los leones marinos.

LA TORTUGA

LAÚD

UN CAPARAZÓN ULTRASÓLIDO

900 KG
MÁXIMO

ESPERANZA DE VIDA
30 AÑOS

1000 HUEVOS POR AÑO

1.6 METROS
MÁXIMO

35 KM/H
VELOCIDAD MÁXIMA

SU NACIMIENTO

Para incubar sus huevos, la tortuga laúd adulta sube a la playa y los entierra bajo la arena. Puede poner mil por año. El día del nacimiento, oleadas de tortugas se lanzan al mar... ¡o a la muerte! Muy pocas escapan de las pinzas de los cangrejos y de los picos de las gaviotas.

SU COMIDA FAVORITA

Las medusas. Una tortuga se puede comer en un día su propio peso en medusas. Su sistema digestivo, cubierto de espinas, le permite digerir incluso a las más correosas. Es capaz de recorrer miles de kilómetros para encontrar a sus presas y puede navegar a profundidades abisales, cercanas a los 1 500 metros bajo el agua.

SU TRUCO PREFERIDO

Esconder sus huevos de los cangrejos, los perros y los humanos... Hay muchos aficionados a los huevos de tortuga. Cuando desova, llega hasta lo alto de una playa y cava un nido. Ahí, a salvo de la marea, los entierra. Después, con sus patas en forma de rama, la tortuga borra las huellas cuidadosamente y así evita que los ladrones de nidos la sigan. A veces, cuando regresa al mar, astutamente hace algunos rodeos por la playa con la intención de disfrazar las pistas.

SU MAYOR TORPEZA

Confundir una vieja bolsa de plástico con una medusa y morir asfixiada. Las tortugas son incapaces de escupirlas o digerirlas, y muchas veces mueren por oclusión gástrica. Ésta es una de las razones por las que la especie se encuentra en peligro de extinción...

SU SUPERPODER

¡Maxiprotección! La forma de su caparazón asemeja al de un instrumento musical: el laúd, que da nombre a esta tortuga. Su caparazón de hueso y cuero resiste a casi todo. Los únicos que pueden atacarlas son las orcas y los tiburones; por lo general, se dirigen al punto débil de la tortuga: su cabeza que no es retráctil.

EL HIPOPÓTAMO
CAMPEÓN DE LA APNEA

50 AÑOS ESPERANZA DE VIDA

4 500 KG MÁXIMO

5 METROS MÁXIMO

40 KM/H VELOCIDAD MÁXIMA

SU NACIMIENTO

Los partos en agua están de moda entre los humanos, pero para los hipopótamos es una vieja costumbre. Aún mejor, los bebés se sumergen bajo su mamá para ser amamantados. De vez en cuando suben a la superficie para tomar un poco de aire. ¿Quién lo hubiera creído? ¡El hipopótamo es un primo lejano de la ballena!

SU TERRIBLE MANÍA

¡No deja de bostezar! Pero ¡cuidado!, eso no necesariamente quiere decir que se muera por una siesta. Si echa su cabeza hacia atrás significa que ¡está buscando una confrontación! Los contendientes saben a lo que se enfrentan: sus caninos miden hasta 60 centímetros y no sirven para alimentarse. Cuando entran en acción, son armas infalibles.

SU TRUCO PREFERIDO

En Gabón, algunos hipopótamos ¡practican surf! Aprovechan la fuerza de las olas del mar para recorrer largas distancias. Una forma inteligente de encontrar, sin cansarse, nuevas praderas donde pastar.

SU HAZAÑA MÁS ESPECTACULAR

¡Ser tan gordo y comer poquito! Además, ¡sólo come vegetales! ¿Su secreto? Holgazanear todo el día para ahorrar energía y escoger las mejores hierbas para conservar su figura.

SU MAYOR DEFECTO

El hipopótamo es nervioso. No es recomendable tomarse fotos con él porque podría sentirse amenazado. Para defender su orilla del río y a las hembras, los hipopótamos pelean violentamente entre ellos. No dudan en aplastar a un adversario caído y, a veces, sus combates son mortales. Para salir con vida de un safari, más vale no acercarse mucho a ellos al tomarles fotos: en África los hipopótamos matan a más personas que los leones. ¿Todavía quieres retratarte con ellos?

SU SUPERPODER

El hipopótamo puede permanecer bajo el agua durante unos quince minutos. Es muy práctico, sus narinas se cierran automáticamente cuando se sumerge.

EL ELEFANTE
AFRICANO
CAMPEÓN DE LA CATEGORÍA PESO PESADO

4 500 KG

ESPERANZA DE VIDA 70 AÑOS

4 METROS
DE ALTURA

40 KM/H
VELOCIDAD MÁXIMA

SU TERRIBLE MANÍA

Rociarse de polvo a sí mismo y a todos los que lo rodean. Un comportamiento que se le perdona porque le permite protegerse de los parásitos que quieran hacerle daño.

SU MAYOR DEFECTO

Consumir alcohol. Le gustan en especial ciertas frutas fermentadas como los frutos de Marula, el "árbol elefante" que crece en África. Se sabe que los paquidermos tienen más sangre que cualquier otro mamífero (varios cientos de litros), por lo que no se emborracha al beber lo que equivaldría a un par de cervezas; aunque algunas veces ¡se tambalea al caminar! Tal vez el responsable sea un insecto tóxico que el elefante se traga junto con la corteza de los árboles. Habrá que seguir investigando...

SU HAZAÑA MÁS ESPECTACULAR

Su espectacular trompa le permite levantar hasta 300 kg: casi la vigésima parte de su peso. Impresionante, ¿verdad?, pero no tanto como la hormiga, que puede cargar hasta veinte veces su propio peso.

SU CUALIDAD MÁS ATRACTIVA

¿Acaso no se dice "tener memoria de elefante"?

Su inteligencia es sorprendente. Los elefantes son capaces de utilizar herramientas, de ayudarse entre sí y también de reconocerse a sí mismos frente a un espejo: un perro es incapaz de hacer algo así, se pondría a ladrar pensando que se trata de otro perro... Sin embargo, en proporción a su masa corporal, el cerebro del elefante ¡es mucho más pequeño que el de un ratón!

SU DICHO PREFERIDO

"Un viejo elefante siempre sabe dónde encontrar agua".

SU SUPERPODER

Su trompa, que le sirve para casi todo: beber, acariciar o pelear. Si quisiéramos adivinar el número de músculos que tiene, seguramente fallaríamos porque la respuesta sería un número de... ¡decenas de millares!

EL RINOCERONTE
UNA ARMADURA CON PATAS

3 600 KG
MÁXIMO

4 METROS MÁXIMO

40 KM/H VELOCIDAD MÁXIMA

ESPERANZA DE VIDA 45 AÑOS

SU NACIMIENTO

Un rinoceronte bebé pesa alrededor de 40 kg. Su mamá lo amamanta durante uno o dos años, lo que no le impide pastar algunas semanas después de nacido. ¡Es un glotón!

SU TRUCO PREFERIDO

Hacer maromas en plena carrera. Para un animal cuyo peso equivale al de una camioneta grande, ¡es una verdadera proeza!

SU PEOR ENEMIGO

El dinero. En ciertos países, 1 kg de carne de rinoceronte en polvo, vendido por pseudomédicos como polvo de perlimpinpin, vale lo mismo que un automóvil. Lo cierto es que la caza ilegal amenaza seriamente la supervivencia de la especie.

SU HAZAÑA MÁS ESPECTACULAR

¡Haber sido pintado por un artista que nunca lo había visto! En 1515, Durero escuchó hablar de un animal increíble que un sultán indio ofreció como regalo al rey de Portugal. El pintor alemán hizo un grabado del rinoceronte inspirado únicamente por los testimonios que escuchó y por un croquis impreciso. La obra sobrevivió mucho más tiempo que el animal, quien falleció en un naufragio cuando lo trasladaban para ser regalado a un papa.

SU COMIDA FAVORITA

Un coctel de plantas. El rinoceronte no desprecia ni a aquellas repletas de espinas: su labio superior forma una especie de gancho móvil que le permite agarrarlas sin lastimarse.

SU MEJOR AMIGO

El picabuey, un pájaro que se alimenta de los parásitos de su piel.

SU SUPERPODER

"Perfumar" su territorio. El rinoceronte aplasta sus heces y después se pasea para marcar su territorio con las patas apestosas. Se ayuda de la cola como si fuera un ventilador para arrojar sus excrementos... Su mensaje: ¡los intrusos no son bienvenidos!

EL DRAGÓN
DE KOMODO
UN LAGARTO MUY INCÓMODO

150 KILOS
MÁXIMO

3 METROS
MÁXIMO

ESPERANZA DE VIDA
30 AÑOS

20 KM/H
VELOCIDAD PROMEDIO

SU NACIMIENTO

Al final de la temporada de lluvias, los pequeños reptiles salen de sus huevos utilizando una técnica de orfebres: perforan el cascarón con un "diamante", un pequeño cuerno que tienen sobre la nariz.

SU MAYOR TORPEZA

Cuando no se come a sus propios hijos, en ocasiones, se come a algún humano del poblado vecino… ¡Glups! Una abuelita de 83 años dio una buena lección a estos voraces: uno de ellos le atrapó la mano y ella le dio una buena patada. El reptil, sorprendido, la dejó ir. Afortunadamente los ataques son raros y estos reptiles únicamente viven en una o dos apartadas islas de Indonesia.

SU TRUCO PREFERIDO

Para evitar ser comido por los reptiles más viejos, los jóvenes se cubren de excremento. En la peligrosa isla de Komodo ¡más vale estar embadurnado que servir como bocado!

SU COMIDA FAVORITA

Come casi de todo: monos, aves, jabalís… pero su plato preferido es el búfalo acuático. Su larga lengua bífida detecta todos los olores del entorno y esto le permite localizar a sus presas.

SU HAZAÑA MÁS ESPECTACULAR

¡Atraer a turistas del mundo entero! Incluso el autor de este libro fue a visitar a los dragones hace algunos años (seguramente no les pareció muy apetitoso).

SU SUPERPODER

El reptil más grande del planeta está armado de paciencia, puede permanecer más de un mes sin comer. Para degustar un búfalo al que no puede matar de un solo golpe, estos reptiles lo muerden y esperan algunos días: las heridas se infectan y el animal muere. Hasta entonces está listo para ser saboreado.

EL ESCORPIÓN AMARILLO

¿VERDADERAMENTE MORTAL?

15 GRAMOS

10 CM

ESPERANZA DE VIDA
5 AÑOS

2 KM/H
VELOCIDAD PROMEDIO

SU NACIMIENTO

Por lo general, nace con unos cincuenta hermanos. Su mamá los ayuda a subirse sobre su lomo, al que se aferran durante algunas semanas. Como su caparazón no crece, rápidamente les queda pequeño. Su envoltura se renueva de forma regular, y dejan a su mamá después de su primera muda.

SU TERRIBLE MANÍA

¡Esconderse entre la ropa! Cuando se acampa en su territorio, más vale sacudir la bolsa de dormir antes de meterse en ella... Su picadura es muy dolorosa y, aunque no es necesariamente mortal para un adulto con buena salud, puede ser fatal para personas alérgicas o de edad avanzada. ¿Un último consejo? Hay que sacudir bien los zapatos antes de ponérselos.

SU TRUCO PREFERIDO

Provisto de órganos especiales que le permiten sentir las vibraciones del suelo, el escorpión detecta a su presa y la espera para emboscarla: una vez a su alcance, la agarra con sus pinzas y rápidamente le administra una buena dosis de veneno.

SU COMIDA FAVORITA

Arañas, ciempiés y grillos conforman la dieta del escorpión. A veces, la hembra también se come al macho.

SU CUALIDAD MÁS ATRACTIVA

El escorpión amarillo tiene el poder de matar y, quizá también, el de curar. Los científicos han sido exitosos al utilizar su veneno para localizar zonas cancerígenas en el cerebro. Es probable que este hallazgo sea tan sólo el primer paso para que muy pronto se puedan tratar las células enfermas sin dañar las sanas.

SU SUPERPODER

Su aguijón: al picar a una presa, el escorpión libera un coctel de sustancias terriblemente tóxicas. Los aficionados a las emociones fuertes crían a este tipo de escorpiones en terrarios bien sellados y utilizan pinzas de al menos 20 centímetros para poder manipularlos.

LA BALLENA
AZUL
EL ANIMAL VIVO MÁS GRANDE

ESPERANZA **DE VIDA** 80 AÑOS

30 METROS MÁXIMO

190 TONELADAS MÁXIMO

20 KM/H VELOCIDAD PROMEDIO

SU NACIMIENTO

El ballenato pasa un año en la panza de su mamá. Al nacer mide 7 metros, pesa cerca de 2 toneladas y necesita aproximadamente 500 litros de leche al día.

SU TERRIBLE MANÍA

Sonarse ruidosamente. El orificio por donde respiran las ballenas se llama espiráculo y sirve para sacar el aire de sus pulmones cuando salen a la superficie.

SU MAYOR TORPEZA

Quedar varada cerca de un poblado. Cuando una ballena muere, el mar la empuja hacia la playa y es muy difícil moverla. Los gases producidos por la descomposición hacen que su cuerpo se infle con el riesgo de explotar.

SU PEOR ENEMIGO

Los arpones. Son armas tan eficaces que casi le cuesta la vida a la especie entera. La ballena azul se volvió una especie protegida apenas en la década de 1960, cuando se prohibió su caza.

SUS MEJORES AMIGOS

Las asociaciones protectoras. Para preservar a estos cetáceos, los protectores de los mares libran una verdadera batalla naval contra los balleneros que las cazan de manera ilegal.

SU COMIDA FAVORITA

Adora los eufausiáceos, una especie de camarones minúsculos: necesita comer de 30 a 40 millones al día. ¡Lo indispensable para una dieta de varias toneladas!

SU TALÓN DE AQUILES

¡Es muy fácil de capturar! Antes de que la especie fuera protegida contra los balleneros, la caza de ballena era indiscriminada.

SU SUPERPODER

Cantar para comunicarse. Las ballenas emiten sonidos tan potentes ¡como los de un cohete al despegar! Su canto se propaga a miles de kilómetros a la redonda. Sin duda le sirve para comunicarse bajo el agua, pero como los mares se han ido llenando de barcos ruidosos, seguramente cada vez les cuesta más trabajo escucharse entre sí.

EL GUEPARDO

EL MÁS RÁPIDO SOBRE LA TIERRA

ESPERANZA DE VIDA **10 AÑOS**

110 KM/H

VELOCIDAD MÁXIMA

1.10 A 1.50 M DE LA CABEZA A LA COLA

50 KG
EN PROMEDIO

SU TORPEZA MÁS GRANDE

Quedar ensartado en un facóquero. Este primo del jabalí es una presa para el guepardo, pero sus puntiagudas defensas son capaces de detenerlo a una velocidad cercana a los 70 km/h. Su apetito lo traiciona.

SU NACIMIENTO

Por lo general, el guepardo nace acompañado de 3 o 4 hermanos. Estos pequeños peluches de 250 gramos son tan vulnerables que su mamá tiene que cambiarlos con frecuencia de lugar para alejarlos de los depredadores.

SU COMIDA FAVORITA

El antílope. Si el guepardo se desplaza tan rápido es porque su platillo predilecto es también muy veloz. Este superdeportista necesita, en promedio, de 2 a 3 kilos de carne al día.

SU TRUCO PREFERIDO

Para atrapar a una presa, la desequilibra con una zancadilla. Para hacerlo, utiliza un espolón, una garra especial muy afilada. Una vez que tiene a su presa en el suelo, la estrangula para dominarla totalmente.

SU TALÓN DE AQUILES

Se sofoca con mucha rapidez. En ocasiones la presa atrapada se escapa mientras el guepardo retoma el aliento: leones, hienas y buitres aprovechan el momento para robarse a la presa. Si no se aleja con rapidez, el velocista arriesga también el pellejo. Para evitar esta clase de contratiempo, el guepardo caza a pleno sol, mientras las grandes fieras depredadoras toman la siesta.

SU HAZAÑA MÁS ESPECTACULAR

En cautiverio alcanza la velocidad récord de 112 km/h. Este corredor nato conserva su velocidad máxima sólo por unas decenas de segundo.

SU SUPERPODER

¡Un cuerpo atlético y un poderoso corazón que alimenta sus alargados músculos! Su huesuda figura es elástica y ligera, y sus patas se alargan tanto hacia adelante que le permiten alcanzar hasta 8 metros de una sola zancada. Sus garras se aferran al suelo para evitar cualquier derrape al acelerar. ¿Una vuelta cerrada? La cola le ayuda a equilibrarse para no salirse del camino.

EL HEMIÓN
UN INCANSABLE GALOPAR

70 KM/H
VELOCIDAD MÁXIMA

2 METROS
DE LA CABEZA A LA COLA

250 KG
EN PROMEDIO

20 AÑOS
ESPERANZA DE VIDA

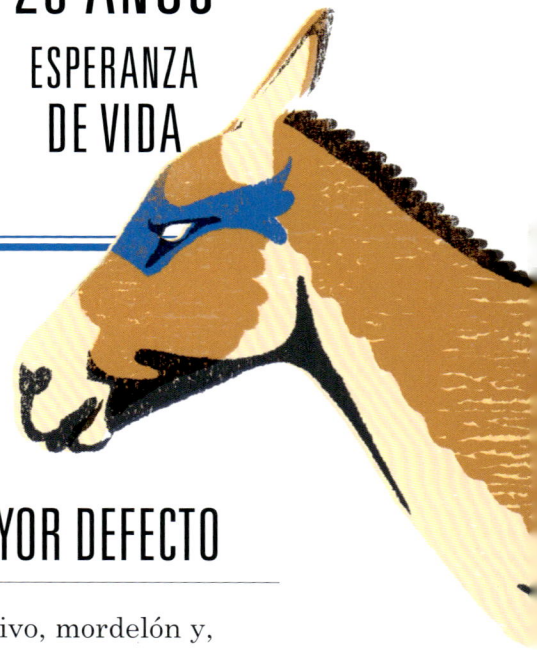

SU PEOR ENEMIGO

¡El tren! La vía ferroviaria que une a la capital mongola, Ulán Bator, con la capital china, Pekín, le impide migrar hacia sus soñados pastizales. Debido a los obstáculos naturales como el ganado doméstico, que monopoliza los pastizales, los pozos de agua y los cazadores furtivos que quieren obtener su piel, este pobre asno salvaje no tiene una vida fácil. Tiene que recorrer largos trayectos para beber y alimentarse, a pesar de que, lo único que pide es un poco de hierba silvestre y agua fresca.

SU TALÓN DE AQUILES

Su carne es codiciada por los cazadores y sus órganos sirven en la preparación de ciertos remedios de la medicina tradicional asiática: ¡tantas cualidades resultan fatídicas!

SUS QUINCE MINUTOS DE FAMA

En la novela *La piel de zapa*, Honoré de Balzac otorga a la piel de un asno —como también se le llama al hemión— el poder de conceder todos los deseos a su propietario. Sin embargo, cada vez que se cumple un deseo, la piel mágica se encoge y, junto con ella, también la vida de quien la posee. Si alguna vez has escuchado la expresión "desaparecer como piel de zapa", ahora ya sabes de dónde proviene.

SU MAYOR DEFECTO

Es agresivo, mordelón y, sobre todo, desconfiado. Es muy difícil encontrar una manada: cuando los asnos salvajes pastan, siempre hay uno que hace guardia y avisa a los demás sobre cualquier peligro. Es casi imposible verlos, pero ¿cómo no perdonarles ese carácter antisocial si sabemos que su especie está en peligro de extinción?

SU SUPERPODER

La supervelocidad de sus pezuñas. Este asno salvaje de las estepas de Asia es poco conocido, pero debería ser una estrella. La velocidad que llega a alcanzar con sus cortas patas lo convierten en un digno rival de los caballos de cárrera más famosos del planeta.

EL CANGURO
BOXEADOR CON CINCO PATAS

7 AÑOS esperanza DE VIDA

60 KM/H VELOCIDAD MÁXIMA

1.70 M DE PIE

90 KG MÁXIMO

SU TERRIBLE MANÍA

Padecer de ataques de ira. Cuando se trata de pelear por una hembra, los machos, que en general son apacibles, no necesitan ponerse los guantes: pies y puños, ¡todo tipo de golpes está permitido!

SU MAYOR TORPEZA

¡Organizar combates en colonias residenciales! Un australiano filmó una pelea frente a su jardín que, sin duda, quedará en los anales del boxeo marsupial.

SU TRUCO PREFERIDO

Llevar a sus enemigos a donde no alcancen a tocar el piso. En la naturaleza australiana el canguro se encuentra a menudo como presa de los dingos. Cuando no logra alejarlos, aprovecha su altura y se refugia en algún estanque en donde su depredador no alcance a pisar el suelo.

SU PEOR ENEMIGO

A principios del siglo pasado su peor enemigo era el tigre de Tasmania: un marsupial ya extinto, con pelaje rayado. Por desgracia, al dingo y al hombre les sigue gustando la carne de canguro.

SU HAZAÑA MÁS ESPECTACULAR

Al nacer, el pequeño canguro mide de 1 a 2 centímetros y pesa casi lo mismo que una abeja. Sin embargo, esta pequeña larva logra escalar el pelaje de su madre para llegar a la bolsa que tiene en el vientre. Unas horas antes del nacimiento, su mamá señala el camino con un poco de saliva para orientarlo.

SU CUALIDAD MÁS ATRACTIVA

Su cola, que le sirve para tener estabilidad. Los investigadores han demostrado que realmente funciona como una quinta pata. El problema es su tamaño que le impide retroceder. Por eso se dice que el canguro es el símbolo de Australia: ¡un país que va para adelante!

CANGURO, ¿*QUÉ ESO*?

¿Leyenda o realidad? La primera vez que los marinos ingleses se encontraron con este extraño animal, pidieron información a un nativo que les respondió: "¡Kan ghu ru!", que quiere decir "¡No entiendo!".

SU SUPERPODER

¡El calcáneo! Este hueso del talón funciona como palanca propulsora. Gracias a él, el canguro puede reutilizar la energía acumulada del salto anterior y lograr unos grandes saltos de aproximadamente 9 metros.

LA GACELA SALTARINA

EL ANTÍLOPE RESORTE

60 KM/H
VELOCIDAD MÁXIMA

1.2 METROS DE LARGO

40 KG EN PROMEDIO

8 AÑOS ESPERANZA DE VIDA

australianos que deben su nombre a una especie de canguro pequeño.

SU COMIDA PREFERIDA

Hierbas, hojas y raíces, una dieta ligera para esta gran deportista sudafricana.

SU HAZAÑA MÁS ESPECTACULAR

¡Resistir el calor infernal! ¿Su truco? La gacela saltarina cuenta con una especie de climatización interna. Al respirar, su sangre se refresca al contacto con la corriente de aire que circula por sus narinas. Y luego, al irrigarse, su organismo mantiene una temperatura adecuada.

SU TERRIBLE MANÍA

Enseñar el pelo de su trasero. Una especie de crin blanca, disimulada en una bolsita debajo de su vientre, se eriza en caso de peligro. La gacela saltarina avisa de esta manera a sus congéneres si un depredador merodea el paraje.

SU TRUCO PREFERIDO

Enviar mensajes codificados. Cuando una manada de gacelas saltarinas emprende la huida saltando, sus crines blancas envían flashes de luz por encima de la nube de polvo para avisar al resto de la manada. Para prevenir a aquellos que aún están con el hocico en la hierba, estos tenaces antílopes también envían señales olfativas de peligro.

SU PEOR ENEMIGO

El guepardo. El único animal capaz de competir en

velocidad es, naturalmente, su único depredador. Pero como la delicada gacela resiste más que el felino, por lo general sale victoriosa de estas persecuciones a saltos. ¡Aunque también se queda sin aliento!

SU MEJOR PÚBLICO

¡El de los estadios sudafricanos! La atlética gacela saltarina prestó su nombre y su silueta al equipo de rugby de Sudáfrica, eterno rival de los Wallabies

SU SUPERPODER

Supermúsculos en las nalgas que hacen honor a su nombre en inglés: *springbok*, que significa "gacela resorte". En consecuencia, sus patas traseras están muy tonificadas y le permiten saltar 15 metros hacia adelante y a más de tres metros de altura. Aviso para las fieras aficionadas a la carne fresca: si piensan comerse una gacela saltarina, es muy probable que la comida ¡les pase de largo frente a sus narices!

EL HALCÓN PEREGRINO

EL AVE MISIL

390 KM/H
VELOCIDAD MÁXIMA

50 METROS POR SEGUNDO
(EN PICADA)

1 KG EN PROMEDIO

1 M DE ENVERGADURA

13 AÑOS ESPERANZA DE VIDA

presas! Cuando se deja caer en picada recorre alrededor de 50 m/s: ¡es muy difícil modificar su trayectoria a esa velocidad! Algunas aves astutas son capaces de escapar esquivando el ataque en el último momento.

SU NACIMIENTO

Al salir de los huevos, incubados por su mamá y por su papá, los polluelos están cubiertos de pelusa blanca. Una saliente rocosa hace las veces de nido, ¡te podrás imaginar que no es nada suave! Algunas semanas después empieza un entrenamiento severo. Los padres comienzan a darles presas para despedazar y después alejan la comida del nido para obligar a los pequeños a volar para alimentarse. Varias semanas después, los jóvenes aprenden a atrapar al vuelo presas muertas que los papás les avientan en caída libre. ¡Toda una educación militar!

SU COMIDA FAVORITA

Al halcón le gustan las aves: palomas, cuervos y gaviotas conforman su dieta. Pero este rapaz a veces ataca a aves más grandes que él… ¿un hermoso ganso?, ¿por qué no?

SU MEJOR AMIGO

El halconero, un cazador que domestica rapaces para capturar a sus presas. Algunas personas todavía practican este método de caza ancestral. Sus habilidades convierten al halcón en un excelente compañero de cacería.

SU TALÓN DE AQUILES

¡La excesiva velocidad a veces lo hace perder a sus

SU HAZAÑA MÁS ESPECTACULAR

Saltar desde el avión de su dueño ¡para batir un récord! Tal fue la proeza realizada por Frightful, un halcón cuyo nombre significa "temible". La minicomputadora que llevaba amarrada registró una velocidad máxima de 390 km/h. Una velocidad imposible de alcanzar para sus congéneres en libertad, que se conforman con 190 km/h cuando cazan.

SU SUPERPODER

Estar equipado como los aviones caza. Su vista superpoderosa le permite ubicarse a una altitud donde sus presas son incapaces de percibirlo. Cuando se avienta en picada sobre ellas es impresionante: toma impulso, repliega sus alas y se desploma desde el cielo. A veces la caída dura más de 1 kilómetro. En el último momento se endereza para atrapar a su presa. Si no está muerta, la aniquila con su "diente de halcón", la pequeña excrecencia ósea que adorna su pico.

LA MIGALA

GOLIAT
LA ARAÑA GIGANTE

130 GRAMOS MÁXIMO

20 AÑOS ESPERANZA DE VIDA

30 CM MÁXIMO

HASTA 1000 HUEVOS POR ALUMBRAMIENTO

10 KM/H VELOCIDAD MÁXIMA

SU MAYOR TORPEZA

¡Molestar a un entomólogo (especialista en insectos) en plena noche! "Clic, clic, clic" hace con sus patas puntiagudas. La migala gigante es la única araña que hace ruido al desplazarse. Eso fue lo que despertó a Piotr Nasckrecki, profesor de la universidad de Harvard, mientras dormía en una selva tropical. Cuenta que le lloraron los ojos durante días porque la migala ¡le lanzó pelos picantes!

SU TRUCO PREFERIDO

La emboscada. La migala tiende hilos de seda muy finos a la entrada de su terrario. Cuando una presa pasa por ahí, la vibración de la tela detona la alarma: la araña Goliat surge del agujero con sus ganchos venenosos listos para entrar en acción.

SU PEOR ENEMIGO

La avispa gigante pepsis es capaz de paralizar a una migala con su veneno antes de llevársela a su nido. Y no para comérsela… peor aún: ¡para inocularle un huevo en el cuerpo! Su larva, una vez que nace, crece dentro de la araña y se la va comiendo viva.

SU COMIDA FAVORITA

Su atinado apodo "comedora de aves" dice mucho sobre sus gustos. Nada detiene a esta araña gigante: gusanos de tierra, escorpiones y serpientes forman parte de su interesante menú.

SU HAZAÑA MÁS ESPECTACULAR

¡Aterrorizar una sala de cine! En la película *Aracnofobia*, arañas Goliat mortales invaden California. Esta historia espeluznante haría reír a los niños venezolanos que viven en la selva, pues ¡ellos las persiguen para comérselas asadas en brochetas! Saben que, en realidad, la migala no es peligrosa para los humanos.

SU MAYOR DEFECTO

¡La gula! Cuando la hembra acaba de ser fecundada, algunas veces se come al macho de un bocado.

SU SUPERPODER

¡Lanzar flechas envenenadas! La migala está equipada con cientos de pelos urticantes que no duda en arrojar si se siente amenazada. Un aviso contundente para los exploradores demasiado temerarios.

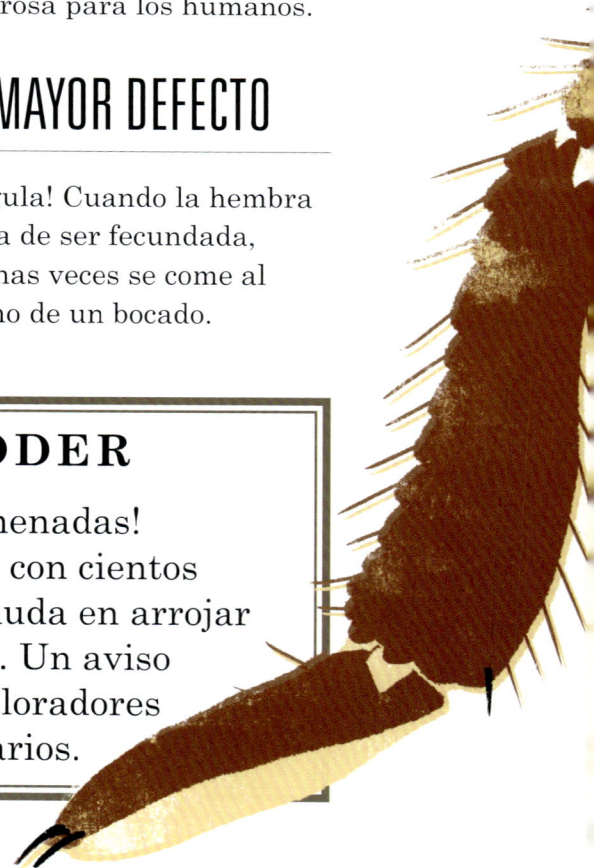

LA PIRAÑA
¿REALIDAD O LEYENDA SANGRIENTA?

40 KM/H VELOCIDAD MÁXIMA

30 CM

1 KG

10 AÑOS ESPERANZA DE VIDA

SU TERRIBLE MANÍA

Tener impulsos agresivos. En la estación de sequía, cuando centenares de pirañas quedan presas en aguas poco profundas, se pueden volver muy feroces para sobrevivir. Atacan en grupo a todo aquel que pasa, capibaras o cualquier animal de gran tamaño sufren las consecuencias. Sin embargo, parece que esta estrategia no funciona, pues lo más frecuente es que las pirañas sirvan de alimento para las aves de paso.

SU MAYOR DEFECTO

¡Ser unas cobardes redomadas! Lejos de ser monstruos sanguinarios, las pirañas son peces del tipo estresado. Los aficionados a las peceras que las crían dicen que incluso digieren mal la carne roja y aconsejan alimentarlas con pescado congelado.

SU MAYOR TORPEZA

Provocar pánico a los pescadores. Sucedió en el canal de San Martín en París, cuando algunas personas decidieron poner en libertad a sus peces sin pensar muy bien dónde hacerlo. Menudo susto para quienes sacaron su caña de pescar y se encontraron ¡con un supercarnívoro del Amazonas!

SU COMIDA PREFERIDA

La piraña roja come peces debilitados, aves que caen de los nidos o animales heridos. Los encuentra gracias a su olfato, capaz de detectar una gota de sangre en un gran volumen de agua. Su trabajo de limpieza evita que se desarrollen microbios en los cadáveres de animales y que se diseminen en la naturaleza.

SU SUPERPODER

Dientes de navaja en unas mandíbulas superpoderosas. La piraña roja, en especial, tiene la reputación de ser una sanguinaria comedora de carne: es capaz de devorar un animal muy grande y sólo dejar el esqueleto.

La leyenda de las pirañas que comen humanos es tan vieja como el Amazonas, pero nunca ha sido probada científicamente. El 25 de diciembre de 2013 un grupo de pirañas atacó los dedos de los pies de unos sesenta bañistas argentinos: un regalo de Navidad del que, con toda seguridad, habrían podido prescindir.

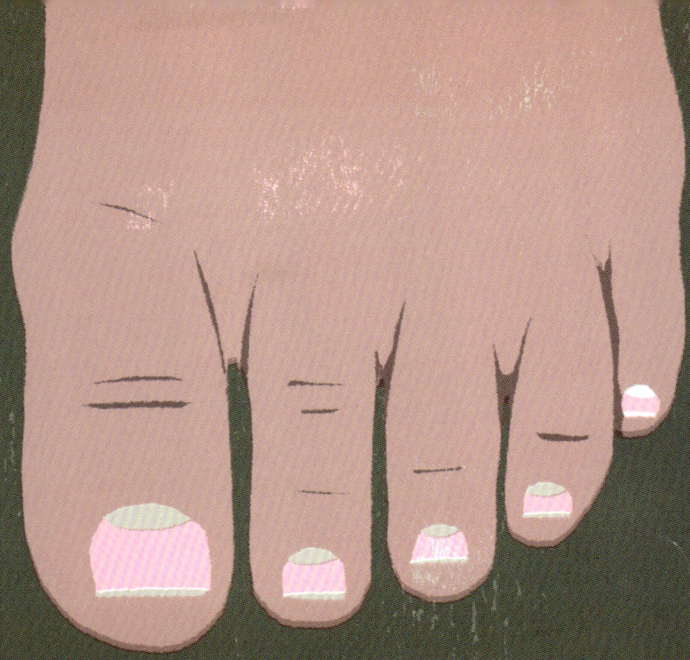

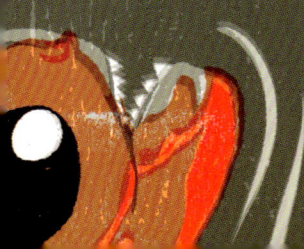

LA MORENA

LA REINA MALDITA DE LAS PROFUNDIDADES

3 METROS MÁXIMO

30 KG MÁXIMO

15 AÑOS ESPERANZA DE VIDA

SU TERRIBLE MANÍA

Morder a los buzos temerarios. Cuando la morena se siente amenazada ¡sus colmillos entran en acción! ¡Auch!, sacude la cabeza al morder y puede provocar heridas profundas y de difícil cicatrización.

SU MAYOR TORPEZA

Confundir el dedo de un buzo con alimento para peces. Las morenas tienen una vista muy deficiente, se guían esencialmente por el olfato. Algunos clubes de buceo, poco escrupulosos, llevan a sus clientes a alimentarlas... ¿sabrán que no es fácil para las morenas distinguir entre una mano y una carnada?

SU TRUCO PREFERIDO

Aliarse con otro depredador para cazar. Cuando un mero tiene dificultades para atrapar a un pez que está escondido en un agujero, éste agita su cabeza para alertar a una morena de las cercanías, que le ayuda a sacarlo. El botín es para uno o para el otro, sin necesidad de enfrentamientos.

SU MEJOR AMIGO

Un pequeño crustáceo que le limpia los dientes. Este simpático camarón ayuda a las morenas a deshacerse de los parásitos.

SU COMIDA FAVORITA

¡Tiene un gusto desmedido por los pulpos! Si su presa es demasiado grande, logra arrancarle un tentáculo mordiéndolo con el hocico y dando vueltas sobre sí misma a toda velocidad.

SU MAYOR DEFECTO

La carne de algunas morenas está impregnada de un veneno natural muy tóxico y puede provocar una enfermedad mortal: la ciguatera. ¡Es una lástima! Sus filetes son tan deliciosos como horrenda es su cara.

SU HAZAÑA MÁS ESPECTACULAR

¡Bailar con los buzos! Algunos de ellos, de tanto bucear en el mismo lugar, entablan verdaderos lazos de amistad con estos extraños peces. Las morenas bailan con ellos y se deslizan entre sus brazos para ser acariciadas.

SU SUPERPODER

Sus amenazantes mandíbulas. Sus numerosos dientes son supercortantes y están recubiertos de una saliva tóxica. Hay una variedad de morena en las costas americanas que incluso tiene una segunda mandíbula: una pinza con dientes que sale de su garganta para jalar hacia su estómago a la presa recién capturada con el hocico.

EL VAMPIRO
CIEN POR CIENTO ATERRADOR

15 KM/H
VELOCIDAD PROMEDIO

30 CM DE ENVERGADURA

50 G

15 AÑOS
ESPERANZA DE VIDA

SU MAYOR TORPEZA

Cuando en 2010 una nube de murciélagos hambrientos atacó a los huambisas, un pueblo indígena que vive en lo más profundo de la Amazonia peruana, las víctimas no pudieron ser atendidas a tiempo y muchas murieron de rabia. Es comprensible entonces que la gente crea en las leyendas sobre comunidades de murciélagos corta cabezas en el Amazonas...

SU TRUCO PREFERIDO

Desplazarse por el suelo con gran discreción. El vampiro es muy ágil en tierra: camina, corre, retrocede, salta, escala... Incluso sabe tomar impulso para echarse a volar de un brinco.

SU PEOR ENEMIGO

Los criadores de ganado. En Sudamérica, el vampiro ataca a menudo al ganado. No sólo lo lastima cuando le succiona la sangre sino también le transmite enfermedades epidémicas. Es una verdadera amenaza para la ganadería.

SU COMIDA FAVORITA

La sangre fresca. La extraen de los mamíferos durante la noche: les perforan el cuello con sus infalibles incisivos y utilizan su lengua para succionar. Como el vampiro ingiere cantidades impresionantes de sangre, a veces le resulta difícil volver a despegar. Tiene que esperar a que pase la digestión para regresar a su gruta predilecta.

SU HAZAÑA MÁS ESPECTACULAR

¡Ayudar a los humanos! La saliva del vampiro contiene draculina, una sustancia que impide que la sangre coagule. Los científicos la están estudiando porque podría ser útil para disolver coágulos que provocan ataques cardiacos y cerebrales y, en ocasiones, la muerte.

SU TALÓN DE AQUILES

El vampiro no es muy autónomo. Puede morir si le falta hemoglobina por más de dos días. Estos pequeños monstruos logran sobrevivir porque son muy solidarios: si uno de ellos no encuentra presa, se las arregla con unos tragos de sangre que un colega le regurgita directamente en la boca.

SU SUPERPODER

¡Murciélago vampiro es su nombre real! Y está lleno de transmisores: cerca de su nariz tiene sensores de calor que detectan animales de sangre caliente; su sistema de ecolocalización le permite guiarse durante la noche, y sus vibrisas, bigotes ultrasensibles, perciben el más ínfimo temblor de una presa.

EL ZORRO

MAESTRO DEL ENGAÑO

1 METRO DE LA CABEZA A LA COLA

60 KM/H VELOCIDAD MÁXIMA

7 KG

5 AÑOS ESPERANZA DE VIDA

SU TERRIBLE MANÍA

Robar todo lo que se encuentra: redes de pescar, almuerzos de excursionistas y pelotas de golf. Incluso llegó a suceder que un zorro londinense intentara robarse un bebé humano. Afortunadamente la mamá llegó a tiempo: el ladrón trataba de escapar con el bebé por la ventana.

SU MAYOR TORPEZA

Comerse a los pollos de las granjas. Los zorros hacen un orificio en la cerca, la cortan con los dientes o saltan por encima de ella. Intentan toda clase de trucos para introducirse en el gallinero. Los granjeros no tienen más opción que la de encerrar a las gallinas durante la noche y hacer guardia.

SU TRUCO PREFERIDO

¡Hacerse el muerto! El maestro zorro utiliza este truco para atrapar a algún cuervo o, en ocasiones, para engañar a algún cazador muy confiado. ¿Un tiro de escopeta fallido? El zorro se tumba y se hace el muerto para evitar otra descarga de balas que pudiera ser fatal. ¡El zorro sale corriendo en cuanto el cazador baja su arma!

SU PEOR ENEMIGO

El fox terrier. Este pequeño perro es un fiero cazador subterráneo. Desde hace muchos siglos, el hombre lo utiliza para acorralar al astuto zorro, que es desalojado a punta de pico, pala y pinza. La historia, por lo general, termina con un balazo.

SU COMIDA PREFERIDA

El zorro adora los roedores, pero come de todo sin importar qué. A veces husmea incluso en la basura.

SU HAZAÑA MÁS ESPECTACULAR

Ser una leyenda viva. *La novela de Renart* es un conjunto de historias sobre animales escrito en la Edad Media que describe muchas peripecias de un pequeño zorro llamado Renart, que se la pasa engañando a personas y animales, en particular al lobo Ysengrin, su propio primo.

SU SUPERPODER

Detectar una presa en cualquier situación. Sus agudos sentidos le permiten localizar roedores que se creen a salvo en los pasillos subterráneos, incluso bajo un metro de nieve. Una vez que el zorro localiza al ratón, da un gran brinco hacia adelante y le cae encima con las patas para inmovilizarlo. Se podría decir que ¡usa sus patas como ratonera!

LA RATA GRIS

REINA DE NUEVA YORK Y PARÍS

13 KM/H
VELOCIDAD MÁXIMA

40 CM DE LA CABEZA A LA COLA

400 G

2 AÑOS ESPERANZA DE VIDA

SU NACIMIENTO

Son las campeonas de la multiplicación: llegan a tener hasta diez ratitas por camada. Si cada rata puede dar a luz hasta seis veces por año, entonces tendrá cerca de 2 500 crías en toda su vida. Los bebés son amamantados hasta que cumplen cuatro semanas y después son educados por un adulto de su mismo sexo, que les enseña las reglas de la comunidad.

SU TERRIBLE MANÍA

Roer todo lo que encuentran: cartón, jabón y cables eléctricos, llegando incluso a provocar graves fallas en las telecomunicaciones. En cierta ocasión una rata paralizó el sistema de enfriamiento de la central nuclear japonesa Fukushima. ¡Qué lata!

SU PEOR ENEMIGO

Los humanos que buscan todos los medios posibles para capturarlas y exterminarlas, aun cuando también son de provecho. Tal parece que sin las ratas, las alcantarillas de las grandes ciudades estarían tapadas muy a menudo. Además, el olfato notable de algunas especies también nos beneficia, pues gracias a éste las ratas han detectado minas de guerra abandonadas en algunos países de África, lo que ha permitido desactivarlas antes de que exploten.

SU COMIDA FAVORITA

La rata come casi de todo, la prueba es que llega a saborear sus propias heces…

SU HAZAÑA MÁS ESPECTACULAR

Viajar por el mundo entero. La rata gris, originaria de Asia, aprovechó los *drakkars* de los vikingos para colonizar el planeta hace unos diez siglos. Hoy en día las ratas más sofisticadas hacen sus compras en las alcantarillas de París y consumen decenas de toneladas de desperdicios, mientras que sus primas americanas lo hacen en el metro de Nueva York.

SU MAYOR DEFECTO

Ser un foco de infecciones. La rata es portadora de virus y pulgas que transmiten la peste. Esta enfermedad devastadora ha matado a decenas de millones de individuos y continúa haciendo de las suyas en algunos países.

SU SUPERPODER

La inteligencia colectiva. Las ratas se comunican entre sí por medio de ultrasonidos inaudibles para el hombre. Alertan a las demás sobre la presencia de peligro y ponen en acción estrategias colectivas. De esta manera, cuando la colonia descubre un nuevo alimento, hay "degustadores" que verifican, ¡arriesgando su propia vida!, si no está envenenado.

EL PULPO
UNA INTELIGENCIA TENTACULAR

70 CM DE DIÁMETRO

2 AÑOS ESPERANZA DE VIDA

6 KG

7 KM/H VELOCIDAD PROMEDIO

caza o intentan cazarlo. Esta especie llamada "mimética" puede incluso imitar a otras criaturas, como a una serpiente marina venenosa, para disuadir a un depredador.

SU NACIMIENTO

Como sus papás mueren justo antes de su nacimiento, los jóvenes pulpos ¡tienen que aprender a sobrevivir solos! Son capaces de seguir los comportamientos de sus congéneres y su desarrollada memoria les permite aprender más rápido los trucos de su oficio: por ejemplo, basta con haber recorrido una sola vez un laberinto para nunca más perderse ahí...

SU TERRIBLE MANÍA

Utilizar su reserva de tinta negra guardada en una bolsa cerca del intestino. Un arma muy eficaz que permite al pulpo disimular su escape detrás de una neblina opaca. Lo más sorprendente es que la forma de la nube que expulsa se parece a su propia silueta.

SU MAYOR TORPEZA

Robarse una cámara. Un buzo que filmaba las profundidades marinas de Nueva Zelanda se encontró, de pronto, con las manos vacías. Un pulpo se llevó su equipo para hacer su propia película. El video terminó en internet.

SU TRUCO PREFERIDO

El disfraz. Gracias a unas células especiales, la piel del pulpo se vuelve de un color y una textura semejantes a los de su entorno. Así consigue pasar inadvertido cuando

SU COMIDA FAVORITA

Cangrejos y otros crustáceos conforman su dieta. Es tan comelón que puede duplicar su peso en sólo tres meses.

SU HAZAÑA MÁS ESPECTACULAR

Predecir los resultados de los partidos de la Copa del Mundo de futbol. En 2010, al pulpo Paul se le dio a escoger entre las dos banderas de los equipos que iban a jugar. Pronosticó, sin error, 8 victorias consecutivas de Alemania.

SU SUPERPODER

Un alto coeficiente intelectual. Cada uno de los tentáculos del pulpo contiene una especie de minicerebro. Unos científicos que conservaron en agua fría los tentáculos de un pulpo muerto, se dieron cuenta de que ¡seguían reaccionando al tacto!

EL DELFÍN
UN MAMÍFERO INGENIOSO

50 KM/H

VELOCIDAD PROMEDIO

4 METROS
MÁXIMO

400 KG
MÁXIMO

30 AÑOS ESPERANZA DE VIDA

removedores golpean el agua con su cola para congregar a las presas y los vigilantes cuidan que no se escapen. Después se turnan para sumergirse con la boca abierta para atrapar a los enloquecidos peces.

SU NACIMIENTO

Después de doce meses de embarazo, la mamá da a luz a un solo bebé. Ella lo ayuda inmediatamente a subir a la superficie para que tome su primera bocanada de aire y evitar que el pequeño se ahogue. La cría toma leche materna por más de un año, antes de volverse autónomo. No hay que olvidar que el delfín no es un pez, ¡es un mamífero!

SU EXTRAÑA MANÍA

¡Emitir sonidos a cada momento! El delfín es una verdadera caja de música. Sus chasquidos y silbidos encantan a los turistas.

SU PEOR ENEMIGO

Los anzuelos y las redes para pescar. Afortunadamente las capturas accidentales a veces terminan bien: un delfín hizo señas con su aleta a un buzo para pedirle que lo liberara de una caña de pescar.

SU HAZAÑA MÁS ESPECTACULAR

Defender a los humanos de tiburones un poco atrevidos. La prolongación de hueso en el cráneo de los delfines puede causar heridas mortales a los escualos.

SU TRUCO PREFERIDO

Rodear a su presa. Los delfines son aficionados a la caza colectiva: cuando localizan un banco de verdeles, lo rodean para obligar a los peces a subir a la superficie. Cada quien cumple con su papel: los

SU COMIDA FAVORITA

Peces y calamares. Sus dientes le permiten atrapar presas resbaladizas, aunque es incapaz de masticarlas porque su mandíbula es poco articulada: su estómago contiene tres compartimentos necesarios para digerir hasta 8 kilos de alimento al día. Un verdadero rumiante del mar.

SU CUALIDAD MÁS ATRACTIVA

Su gran inteligecia. Es una lástima que precisamente por eso algunas veces termine en cautiverio.

SU SUPERPODER

Estar equipado con un sonar. Gracias a la joroba que tiene en la frente, el "órgano del melón", el delfín puede emitir algunos sonidos. La onda que se forma bajo el agua rebota sobre los obstáculos y el eco que produce le permite localizar a sus presas, y también a depredadores a varios céntenares de metros.

LA COBRA
REAL
UN PELIGROSO MARAJÁ

20 AÑOS ESPERANZA DE VIDA

20 KM/H VELOCIDAD PROMEDIO

4 METROS

50 CM AL NACER

6 KG

SU PEOR ENEMIGO

La mangosta, a quien le encantan sus huevos, es el único mamífero que osa desafiar al príncipe de los bosques indios. Las sanguijuelas, que no le temen a nada, también hacen con ella un festín. Por más poderosa que sea, la cobra real es incapaz de combatir a estos parásitos.

SU NACIMIENTO

Para incubar sus huevos y que después eclosionen, la cobra real se pone cómoda: construye un nido de hojas de bambú, algo raro entre las serpientes. Las pequeñas salen por decenas de sus cascarones, todas vestidas con pijamas a rayas. ¡Al nacer ya miden medio metro! Su mamá se aleja del nido para no sentir la tentación de comerse a sus crías. No hay que olvidar que la cobra real come principalmente serpientes.

Entonces el cerebro puede tomar la decisión siguiente: "se acerca una presa, ataque inminente".

SUS MEJORES AMIGOS

Los habitantes de una aldea tailandesa, Bangkok Sanga: ahí ¡casi todos crían cobras! Las miman, las alimentan y las desafían con danzas exacerbadas. Los más temerarios besan en la boca a sus mascotas preferidas. En este pequeño acto del "beso de la muerte" varios han perdido la vida.

SU RASGO CARACTERÍSTICO

Es muy territorial. Prefiere defender su nido que escabullirse por la tierra como lo haría una víbora. Es un adversario imponente: cuando un bello espécimen se yergue es suficientemente alto como para mirar a un humano ¡directo a los ojos!

SU TRUCO PREFERIDO

Permanecer en lo alto de un árbol para ubicar a sus presas. Su lengua bífida capta las ondas odoríferas en el aire, y después las pone en una especie de centro de análisis que se encuentra en su boca y que recibe el nombre de órgano de Jacobson.

SU SUPERPODER

Unas maxiglándulas venenosas. Las dos cucharadas cafeteras de veneno que contienen bastan para matar a varias decenas de humanos adultos. Los síntomas son escalofriantes: parálisis, visión nublada, paro cardiaco y respiratorio.

LA CUBOMEDUSA
CINCO MINUTOS PARA MATAR

7 KM/H VELOCIDAD PROMEDIO

3 METROS CON SUS TENTÁCULOS

COMPUESTA DE **90 %** DE AGUA

2 KG

9 MESES ESPERANZA DE VIDA

SU TERRIBLE MANÍA

Dejar flotar sus tentáculos detrás de ella. Una manía verdaderamente mortal para los bañistas: cada año mueren alrededor de 50 personas en el mundo por picadura de medusa. Al lado de ella, ¡los tiburones son unos santos! Y falta decir que estas criaturas gelatinosas están compuestas de 90% de agua.

SU MAYOR DEFECTO

Arrastrar una reputación tan larga como sus tentáculos: la del animal más venenoso del mundo. La buena noticia: existe un antídoto eficaz contra su veneno. La mala noticia: requiere de 15 minutos para hacer efecto, mientras que el veneno puede provocar un paro cardiaco en menos de cinco minutos.

SU MEJOR AMIGO

La corriente. Las medusas más peligrosas viven en el norte de Australia, pero el calentamiento global, al crear corrientes cálidas, podría ayudarlas a conquistar gran parte del planeta.

SU PEOR ENEMIGO

La tortuga. Le encantan las medusas y las digiere muy bien. El veneno ultratóxico de la medusa no le provoca ni el más mínimo hipo. Para evitar ser devorada, la cubomedusa sólo cuenta con su vista. Es una de las pocas especies dotadas con ojos verdaderos y, como no se anda con medias tintas, tiene 24 en total.

SU COMIDA FAVORITA

Un pequeño camarón que habita en bancos cerca de las playas australianas. ¡Qué lástima que sea precisamente ahí donde a los turistas les guste nadar! En algunas zonas de balneario hay mallas antimedusas instaladas en el mar para impedir a estas inquietantes criaturas ir a chapotear con los niños.

SU TRUCO PREFERIDO

Propulsarse para atrapar a sus presas con los tentáculos. Pocas medusas lo saben hacer, generalmente se conforman con ir a la deriva de la corriente.

SU SUPERPODER

Estar equipada con minúsculas jeringas. Cada tentáculo tiene cientos de miles de arpones que se activan al más mínimo contacto y liberan unas gotitas de veneno. Algo parecido a lo que hacen las ortigas. Su apodo es "la mano que mata" porque provoca heridas espantosamente dolorosas y, a menudo, fatales. Sólo el vinagre permite detener el envenenamiento.

EL PEZ
PIEDRA
TRECE ESPINAS DE MAL AGÜERO

3 KM/H
VELOCIDAD PROMEDIO

30 CM

2.5 KG

7 AÑOS ESPERANZA DE VIDA

SU MAYOR TORPEZA

Ser atrapado en una red como si fuera una simple piedrita. Mala suerte para el pescador que lo agarre con la mano para devolverlo al agua... Pero, si es un conocedor, podrá deleitarse con su fina carne: después de quitarle las espinas, algunos cocineros lo sazonan con ajo y jengibre.

SU TRUCO PREFERIDO

El efecto sorpresa. El pez piedra está perfectamente disfrazado para confundirse con el paisaje. Cuando está posado sobre una piedra o sobre un fondo de arena, los deshechos marinos se pegan a su piel viscosa volviéndolo prácticamente invisible. Por eso, este as del camuflaje nada muy poco y se conforma con las presas que pasan cerca de él. Las atrapa a una velocidad sideral aventando su boca hacia adelante: ¡Le basta con una fracción

de segundo! Es uno de los movimientos más rápidos del mundo animal.

SU COMIDA FAVORITA

Este voraz se alimenta de camarones y peces pequeños. Es capaz de deglutir presas igual de gordas que él.

SU MAYOR DEFECTO

Es verdaderamente feo. Su nombre científico no deja

ninguna duda al respecto, pues significa "lleno de verrugas". ¿Será por eso que busca pasar inadvertido?

SU HAZAÑA MÁS ESPECTACULAR

Puede vivir más de 24 horas fuera del agua, gracias a un particular sistema de branquias que también le permite no tragar arena cuando está al acecho y se camufla.

SU TALÓN DE AQUILES

Sus ojos saltones sobresalen en su cabeza y no se pueden camuflar. Por eso los buzos con una vista bien entrenada logran localizarlos.

SU SUPERPODER

Sus espinas dorsales.
Son 13 en total y cada una de las puntas del pez piedra contiene una bolsa de veneno, tan eficaz y mortífero como el de la cobra. Se enderezan al menor peligro. Para explorar algunos arrecifes tropicales de marea baja, es recomendable usar calzado resistente y de suela gruesa, pues las sandalias son perforadas con mucha facilidad.

LA RANA
DARDO DORADA
BELLA Y VENENOSA

5 CM

5 AÑOS ESPERANZA DE VIDA

2 KM/H VELOCIDAD PROMEDIO

SU NACIMIENTO

¡Son criadas por el papá! Una vez que los renacuajos nacen, su papá los transporta sobre la espalda para dejarlos en un estanque. Ahí se transforman progresivamente en jóvenes adultos. Tardan cincuenta y cinco días en salir del agua.

SU PEOR ENEMIGO

La serpiente arbórea es, al parecer, el único habitante de la selva colombiana capaz de sobrevivir a un platillo tan tóxico. Ataca principalmente a las ranas bebé.

SU MAYOR DEFECTO

¡Ser codiciada en el mundo entero! Su tráfico ilegal entre la selva lluviosa y los países industrializados bate récord. Cuando no aterriza en casa de un aficionado a los animales exóticos, la ranita se puede volver el conejillo de indias de algún laboratorio farmacéutico: contiene una sustancia capaz de combatir el dolor, al parecer, más eficaz que cualquier tratamiento existente.

SU TALÓN DE AQUILES

Pierde sus poderes cuando es criada en cautiverio. En la naturaleza, la rana dardo dorada fabrica el veneno a partir de las toxinas contenidas en su dieta, en particular, insectos. Pero cuando vive en un terrario, después de pocas semanas de alimentarse de grillos inofensivos, la rana pierde toda su toxicidad. Afortunadamente, sus depredadores están muy lejos y a lo único que puede temerle es al aburrimiento.

SU TRUCO PREFERIDO

¡Anunciar el color! Su *look* fluorescente es una advertencia para todos los depredadores: quien la toca se intoxica. Esta efectiva estrategia de disuasión, contraria al camuflaje, recibe un nombre complicado: "aposematismo", y son muchos los animales que la utilizan (por ejemplo, los abejorros). ¡Ni se te ocurra acariciar a esta belleza fatal!

SU SUPERPODER

Su nombre latino contiene la palabra *terribilis*: ¡innecesario traducirla! Esta pequeña ranita contiene el veneno suficiente para matar entre 10 y 20 humanos. ¡Es incluso más poderosa que el curare! Los nativos de la selva colombiana utilizan a la llamada "rana dardo" para envenenar los dardos de sus cerbatanas: frotan las puntas sobre la espalda del batracio. Otra manera consiste en asar a las ranas como brochetas para que suden el veneno. Un arma, sin duda, eficaz.